アジア・アフリカ

西暦	
1845	インド＝第1次シク戦争（―18...
1851	太平天国の乱　洪秀全、太平天...
1852	ボーア人トランスヴァール共和国
1856	清＝アロー戦争（―1860）
1857	インド＝セポイの乱
1858	ムガル帝国滅亡 清＝ロシアと愛琿条約　イギリスなどと天津条約
1860	北京条約
1862	清＝同治中興　洋務運動はじまる
1863	カンボジア＝フランスの保護領となる
1864	太平天国の乱おさまる
1867	マライ海峡植民地イギリス直轄地となる
1869	スエズ運河開通
1871	上海・ロンドン間に電信開通
1874	清＝光緒帝即位 ベトナム＝フランスの保護国となる
1876	日朝修好条規締結
1877	インド帝国成立 ロシア・トルコ戦争　1878 サン・ステファノ条約
1881	アラービー・パシャの乱　エジプトの民族運動
1885	インド国民会議派創立
1886	イギリス、ビルマを併合
1887	フランス領インドシナ連邦成立
1893	フランス、ラオスを保護国化
1894	朝鮮＝東学党の乱　日清戦争
1898	清＝戊戌の変法　戊戌の政変（西太后が実権）
1899	清＝義和団事件（―1901）
1900	日本、ロシアなど6か国が清に出兵

日本の動き・西暦

1870

1900

王攘夷思想が展開・開国倒幕の運動が激化　文明開化　明治時代　生活の近代化すすむ　近代的な国家体制の確立へ　自由民権の思想

目　次

ナイチンゲール　　文・有吉忠行　　　……………　6
　　　　　　　　　　絵・田中　潔

シュリーマン　　　文・有吉忠行　　　……………　20
　　　　　　　　　　絵・宮原　光

パスツール　　　　文・有吉忠行　　　……………　34
　　　　　　　　　　絵・鮎川　万

メンデル　　　　　文 有吉忠行　絵 浅田美智也　………　48
フォスター　　　　文 有吉忠行　絵 浅田美智也　………　50
イプセン　　　　　文 有吉忠行　絵 浅田美智也　………　52
ダイムラー　　　　文 有吉忠行　絵 永沢　樹　…………　54
メンデレーエフ　　文 有吉忠行　絵 永沢　樹　…………　56
ビゼー　　　　　　文 有吉忠行　絵 永沢　樹　…………　58
セザンヌ　　　　　文 有吉忠行……………………………　60

読書の手びき　　　　文 子ども文化研究所　……………　62

せかい伝記図書館 11

ナイチンゲール
シュリーマン
パスツール

いずみ書房

ナイチンゲール

(1820—1910)

看護婦になりたいと、自分の意志をつらぬき通し、たくましく生きたクリミアの天使。

●上流社会の家に生まれて

　おとぎの国のお城のような家。きらめくシャンデリアの下で、くる日もくる日も開かれる舞踏会やパーティー。花がさき、小鳥がさえずり、リスがあそぶ、ひろびろとした庭。春はフランスへ、秋はイタリアへ、馬車にゆられて夢のような家ぞく旅行。

　フローレンス・ナイチンゲールは、1820年に、こんなめぐまれた家庭に生まれました。

　3つの大学を卒業した父と、教養が高くて美しい母と、それに何人もの家庭教師から、5歳をすぎたころには、祖国イギリスの歴史や、国語や、数学や外国語など、さまざまなことを学びました。ピアノや絵や手芸も習いました。ひとつちがいの姉とも仲がよく、いつもたくさんのめし使いにかこまれて、不自由なことは、なにひとつ

ありませんでした。
　ところが、ナイチンゲールは、小さいころから、少し、かわっていました。だれもがうらやむような生活を、自分では、あまり楽しいとは思わなかったのです。
　たくさんの人といるよりは、ひとりであそぶほうがすきでした。心のやさしい母は、まずしい家へ、よく、おくりものをしていましたが、いちばん楽しいことは、そのおくりものを、母のかわりに自分がとどけることでした。そして、いつのまにか、自分からまずしい家の病人のところへ、おみまいに行ったり、看病に行ったりするようになりました。
「おじょうさまは、ほんとうに天使のようなお方だ」

まずしい人たちは、ナイチンゲールのやさしさに、心のなかで手を合わせました。でも、ナイチンゲール自身は、ほんの少ししか助けてあげられないのが、いつも悲しくてしかたがありませんでした。
「まずしい人や、病気になっても医者にみてもらえない人が、こんなにたくさんいるのに、わたしは、ぜいたくな暮らしをしている。これでよいのかしら」
　やがて、こんなことをなやみ、人のために役だつ仕事を、しんけんに考えるようになりました。

●病気で苦しんでいる人たちのために

「病気で苦しんでいる人たちのためにつくそう。それが、神さまがわたしに与えてくださった仕事だわ」
　17歳のとき、ナイチンゲールは決心しました。しかし、父も母も反対でした。
「まずしい人たちのことを心配してあげるのは、よいことだわ。でも、お金ならいくらでも寄付してあげるから、あなたは、そんなことを考えないで」
　わが子がりっぱな貴婦人になってくれることを願っている母は、なんとかして決心をかえさせようとしました。そして、悲しい顔をしているナイチンゲールを見て、母は楽しい旅行を計画しました。

　家族は、2年ちかくも、6頭だての美しい馬車でヨーロッパじゅうをめぐりました。たくさんの上流社会の人たちとダンスや音楽会を楽しみ、イタリアでは、まいばんのようにオペラを見に行きました。
　ところが、旅を終わって家へもどると、ナイチンゲールは、なおいっそう考えこむようになりました。まずしい病人の看病に行くこともやめませんでした。
「困った子だ」「かわった子だわ」
　父も母も、いつも、ため息ばかりついていました。
　やがて、ナイチンゲールが24歳になったときのことです。父をたずねてきたアメリカの有名な医者のハウ博

士に、ナイチンゲールは思いきって自分の心をうちあけました。すると博士は、ナイチンゲールの美しい目を見つめて答えてくれました。
「病人にあたたかい手をさしのべるのは、すばらしいことですよ。あなたは、あなたのきめた道を、おそれずにおすすみなさい。それがいちばんよいことです」
　これを聞いたナイチンゲールの目は輝きました。そして、それからまもなく、こんどは母に、どうしても看護婦の勉強をしたいことをつげました。
「わたしを病院へ行かせてください」
「なんですって、看護婦って、どんなことをするのか知っているのですか。病人を助けるのはよいことだわ。でも、あなたが看護婦になることないじゃありませんか」
　母は、おどろいてしまいました。そのころ、病院は暗くてきたないところと考えられ、看護婦は身分のいやしい女がなるものだと思われていたからです。
　父も姉も、ぜったいに許そうとはしません。
「どうして理解してもらえないのかしら」
　ナイチンゲールは、自分のへやにとじこもって、何日も、家族に顔を見せませんでした。しかし、心にきめたのぞみは、どんなときも忘れませんでした。そしてふたたびヨーロッパに旅行すると、楽しそうなことには見むきもしな

いで病院をおとずれ、正しい看護の技術を学びました。

●いのちを投げだしてクリミア戦争へ

　33歳になったとき、とうとう、自分の道にたどりつきました。母と姉はやはり許しませんでしたが、父が、ナイチンゲールの熱心さに負けて、小さな病院の監督になることをみとめてくれたのです。

　ナイチンゲールは、むちゅうになってはたらきました。そして、暗かった病院を、またたくまに、明るくすばらしい病院にかえてしまい、おじょうさん監督をけいべつしていた人たちをおどろかせました。

ところが、1年後の1853年にクリミア戦争が起こり、ナイチンゲールは、こんどはほんとうに「白衣の天使」として、いのちを投げだすことになりました。
　クリミア戦争は、ロシアと、トルコ・イギリス・フランスの連合国とのあいだでおこなわれた戦いです。戦いははげしく、おびただしい負傷者がでました。しかし、戦場の病院には、たったひとりの看護婦もいません。負傷者は、苦しいうめき声をあげながら、ばたばたと死んでいくばかりでした。
　このとき、ナイチンゲールのもとへ、陸軍大臣のシドニーから1通の手紙がとどきました。
「兵士を救うために、戦場へ行ってくださいませんか。ひとりでもおおくのいのちを助けてあげてください」
　ところが、これとゆきちがいに、シドニーのもとへも1通の手紙がとどいていました。
「わたしを、ぜひ、クリミアへ行かせてください」
　それは、ナイチンゲールからのものでした。ナイチンゲールは、すでに、戦場に行くことを決心していました。
　ナイチンゲールは、ただちに、イギリス野戦病院の看護婦総監督に任命されました。そして、38人の看護婦をえらぶと、たくさんの人びとに見送られて、遠い戦場へかけつけました。

「長いあいだ勉強してきたことが役だつときがきましたね。お国のために、しっかりがんばってくるのよ」
　母も、よろこんでくれました。姉も、はじめて妹のことを誇りに思ってくれました。
「なんて勇気のある人なんでしょう」
　上流社会の人びとも、ナイチンゲールをたたえました。

●心やさしいランプを持つ天使

「まあ、ひどい。これじゃけがなんかなおらないわ」
　戦場の病院についたナイチンゲールは、思わず、声をあげてしまいました。

ベッドがたりず、血まみれの服を着たままの兵士が、床にころがされています。手当ても受けられず、傷の痛みにうめいています。下水がつまり、虫がわいた水があふれています。壁はほこりが積もり、床にはネズミがはっています。ナイチンゲールは、やすむひまもなく、てきぱきと命令しながらはたらき始めました。

　何百枚ものわらぶとんを作りました。床や壁をみがきました。衣類をととのえ洗たくをして兵士たちに着がえさせました。兵士たちのよごれたからだをふき、のびた髪も切ってやりました。

　もちろん、看病もおこたりませんでした。38人の看護婦は、昼も夜も、薬とほう帯を持ってかけまわりました。なかでもナイチンゲールは、傷のおもい兵士のところへまるで魔法使いのようにあらわれ、母親のようなやさしいことばをかけてやりました。みんなが寝しずまったあとも、たったひとりで、ランプをかかげて広い病室を見てまわりました。傷ついた兵士たちのかわりに、兵士の家族や友人へ、あたたかい手紙も書いてやりました。
「ランプを持つ女神だ」「めぐみの天使だ」

　ナイチンゲールのやさしさに、なみだを流さない兵士はいませんでした。壁にうつったナイチンゲールの影にさえ、ベッドの兵士たちは心のなかで頭をさげました。

「女が戦場にきて、なにができるものか。きっと負傷兵を見てびっくりするだけだ」
　初めはこう思っていた軍医や将校たちも、勇気と愛情にあふれた行動を見て、看護婦たちを心からたたえるようになりました。
　やがて、ナイチンゲールの活躍はイギリスじゅうでも評判になり、女王からも感謝のことばがおくられました。ところが、まい日20時間ちかくもはたらきつづけた寒い冬がすぎるころ、とうとう病気でたおれてしまいました。いちじは、生命も気づかわれるほどになり、まわりの人びとは、イギリス本国へもどって静養するようにすす

めました。しかしナイチンゲールは、傷病兵がいる限りはここから立ち去らないといって、聞きいれませんでした。

●世界で初めての看護婦学校

　戦争は、およそ２年で終わり、ナイチンゲールは、ぶじ帰国しました。このとき国じゅうの人びとは、大歓迎会を開いて「クリミアの天使」を迎えようとしました。

　ところが、歓迎会などよろこばないナイチンゲールは、かくれるようにして父と母のところへ帰ってしまいました。だいてよろこんでくれた母へのみやげは、戦場でみつけた、たった１本の土がついたままの花でした。

　やがて、ロンドンへすがたをあらわしたナイチンゲールは、大きな仕事にとりくみました。それは、イギリス陸軍の、軍の病院に対する考えかたを、すべて改めさせようというものでした。クリミア戦争での戦場の病院があまりにひどかったからです。階級の低い傷病兵たちを人間あつかいしないような陸軍の考えかたに、がまんがならなかったからです。

「わたしの、ほんとうの仕事はこれからです」

　からだがすっかり弱っていたナイチンゲールは、ベッドの上で自分の意見を書き記して、陸軍へさしだしました。女王へも訴えました。

　ベッドのまわりには、いつも、たくさんの協力者が集まりました。ナイチンゲールを尊敬する陸軍大臣のシドニーも、そのひとりでした。
　陸軍病院はすこしずつ改革されていきました。そして傷病兵たちには、しだいに、人間らしい治療や療養がつづけられるようになりました。でも、しっかりした法律や制度ができるまでは、安心できません。
「自分のからだのことを心配しているひまはないわ。クリミアの悲劇を、二度とくり返さないようにすることだけが、わたしにとって、たいせつなことです」
　ナイチンゲールは、健康を心配してくれる医者にしから

れながら、病気の苦しさをこらえて、仕事をつづけました。
　このとき、ナイチンゲールを元気づけてくれたのは、何年もかかって国じゅうから集められたお金で、ナイチンゲール看護婦学校が建てられたことでした。
　世界で、初めてできた看護婦学校です。
　ベッドからはなれられないナイチンゲールは、寝たままで、生徒たちの指導にあたりました。生徒たちがやってくれば、病気の苦しさを笑顔にかえて、いろいろな相談にものってやりました。
　ただ、学校の勉強は、責任感の強い看護婦を育てるために、たいへんきびしいものでした。
「看護婦という仕事に、誇りをもてるようにならなければなりません」
　この教えをまもった生徒たちは、学校を卒業するとひとり残らず優秀な看護婦になり、看護婦という仕事のたいせつさと、りっぱさを、世界じゅうの人びとにみとめさせました。また、女性でも、男性に負けない仕事ができるのだ、ということを、広く知らせました。

● 愛する人間のための闘い

　上流社会に生まれながら、楽しい生活も、あたたかい家庭も、そして、結婚さえもすてて病人の看護に生涯を

ささげたナイチンゲールは、1910年、90歳でこの世を去りました。このとき国は、ナイチンゲールのなきがらを、国につくした人だけがまつられているウェストミンスター寺院に、ほうむることをきめました。しかし、ナイチンゲールの遺言で、ふるさとの父と母のもとで永遠の眠りにつくことになりました。ナイチンゲールの一生は、人間を愛する心に燃えた美しい闘いでした。

〔注〕2002年3月までは、医療などを補助する女性を「看護婦」、男性を「看護士」と区別していましたが、現在は、男女とも「看護師」と呼ぶことになっています。

シュリーマン

(1822—1890)

少年のころの夢をおいつづけ、ついにトロヤの遺跡を掘りおこした、情熱の考古学者。

●心にはりついた木馬の物語

むかし、ギリシアの国スパルタに、ヘレネという美しい王妃がいました。ところが、トロヤの国の王子が、ヘレネをさらってしまいました。

スパルタ国王は、たいへんにおこりました。そして、ギリシアじゅうの兵を集めると1000せきもの船でエーゲ海を渡り、トロヤに攻めこみました。

しかし、大きな城壁に囲まれたトロヤは、ギリシア軍が10年かかって攻めても、打ち破ることができませんでした。そこでギリシア軍は、計略を考えました。

ある日、トロヤの城壁のそとに大きな木馬をおきざりにして、ギリシア軍は、船でひきあげてしまいました。

これを見たトロヤ軍は、戦争はもう終わったのだとよろこびました。そして、ギリシア軍が勝利を神に祈って

作ったという、その木馬を城の中にひき入れると、夜は酒盛をして寝てしまいました。

トロヤ軍は、木馬の腹の中にギリシア軍の50人の勇士がひそんでいようとは、夢にも考えませんでした。海のむこうへひきあげたはずのギリシア軍が、こっそりもどってきていることにも、気がつきませんでした。

その夜、トロヤ軍の兵はひとり残らずギリシア兵に殺されてしまいました。また、トロヤの町の宮殿も神殿も、一夜のうちに焼きはらわれてしまいました。

トロヤは、こうして滅んでしまいました。

1822年、ドイツ北部の小さな村で生まれたシュリー

マンは、おさないころから、このトロヤ戦争の物語に心をひかれていました。

トロヤ戦争の物語は、ギリシアの詩人ホメロスが書いたと伝えられている話です。しかし、トロヤ戦争はいまから3000年もまえのできごとだといわれ、おおくの人はほんとうにあったことだとは、思ってはいませんでした。

でも、シュリーマンは、このホメロスの物語を、考古学がすきだった牧師の父から何度も聞いているうちに、ただの伝説ではないと考えるようになりました。そして、8歳のときに、火につつまれているトロヤの絵を『子ども世界史』という本で見てからは、トロヤは、いまも土の中にねむっている、と信じるようになりました。

「よし、いつかきっと、トロヤを発掘してみせるぞ」

シュリーマンの心には、いつのまにか、こんな決意がめばえていました。しかし、この発掘の夢は、友だちから笑われるばかりでした。ホメロスの物語に、目を輝かせて耳をかたむけてくれたのは、たったひとり、ミナという女の子だけでした。

● 苦しくても泣きたくても

トロヤ発掘の夢をふくらませていたシュリーマンは、しあわせでした。ところが、9歳になったときから、つ

ぎつぎと、悲しいできごとがおこりました。

　やさしかった母が亡くなり、残された7人の兄弟は、ちりぢりに別れて暮らすことになりました。シュリーマンは、よその村のおじさんの家にあずけられ、ミナとも会えなくなってしまいました。

　そのうえ、父が牧師の仕事をやめたため高等学校へも行けなくなり、かわりに商業学校に入学しました。14歳で卒業すると、遠くの村の食料雑貨店ではたらくことになりました。

　雑貨店へ出発するまえの日、思いもかけず、5年ぶりにミナに会いました。シュリーマンは、なみだをながし

ながらミナの手をとりました。ミナも、目になみだをいっぱいためています。でも、それもほんのわずかのあいだでした。ミナは、両親があらわれると、まだひとことも話もしないまま行ってしまったのです。

「努力して、きっと、ミナと結婚するのだ」

シュリーマンは、ミナといっしょにトロヤ発掘の夢を果たすことを、しっかりと心にちかいました。

雑貨店のいそがしさは、目がまわるほどでした。朝5時から夜11時まで、コマネズミのように、動きまわらなければなりませんでした。

「勉強する時間がほしいなあ。早くギリシア語をおぼえて、ホメロスの物語が読めるようになりたいなあ」

シュリーマンは、いつもこう思っていました。しかし、時間がありません。本も買えません。トロヤへの夢をいだきつづけることだけで、せいいっぱいでした。そして5年ごには、とうとう、からだをこわして血をはいてしまいました。

雑貨店をやめたシュリーマンは、外国へ行く船のボーイになりました。ところが、またも不幸なめにあってしまいました。

港をでた船は、あらしにあい、沈没してしまったのです。きずだらけになったからだは、オランダの海岸にう

ちあげられました。見知らぬ国で、お金も服もなく、まるはだかになってしまいました。

　20歳になっていたシュリーマンは、苦しみのどん底に落ちてしまいました。しかし、心にちかった夢があります。夢をかなえるためには、人間は苦しみと闘わなければならない、ということを思いおこしたシュリーマンは、無一文から立ちあがりました。そして、大商人と考古学者への道を歩み始めるのでした。

● 18か国語をおぼえた天才

　ドイツへ帰るのをやめ、オランダで新しい仕事につい

たシュリーマンは、食べるものもせつやくして、外国語の勉強を始めました。商人として成功するためにも、将来、発掘でいろいろな国へ行くためにも外国語がたいせつだと考えたからです。

外国語の本を、何度でも声をだして読む。おぼえたことばで作文を書き、先生になおしてもらう。つぎには、その作文をすっかり暗記して、また声をだしていってみる。大きな声がうるさいと、シュリーマンは下宿を追いだされたことさえあります。そして2年ごには、英語、フランス語、オランダ語、イタリア語、ポルトガル語、スペイン語などを、自由に話せるようになりました。

シュリーマンは、語学の天才でした。そのごも、商人としてはたらきながらロシア語、ギリシア語などもつぎつぎに学び、生涯のうちには、とうとう18か国語が使えるようになったといわれています。

商人になったシュリーマンは、人一倍の努力とすばらしい語学の力で、またたくまに出世しました。24歳で、大きな貿易会社のロシアの店をまかされるようになったのです。

やっと、一人前の人間になれたシュリーマンは、手紙で、ミナに結婚を申しこみました。しかし、ミナは、すでにほかの男の人と結婚してしまっていたのです。

　まったく、思いがけないできごとです。

　シュリーマンは、悲しみのあまり病気になってしまいました。ミナのことは、雑貨店で血をはいたときも、船が沈没したときも、忘れたことはありませんでした。

　でも、トロヤ発掘の夢のためには、悲しいこともりこえなければなりません。シュリーマンは、ミナのことを忘れるために、ますます仕事にはげみ、やがて自分で会社を興すほどになりました。そして、ナイチンゲールがかつやくしたクリミア戦争（1853—1856年）が終わったころには、思うぞんぶんにトロヤの発掘ができるまでの大金持ちになっていました。

しかし、大商人や大金持ちになることが、シュリーマンの目的だったのではありません。
「発掘にかかるまえに、世界のことを見ておこう」
シュリーマンは36歳のときから44歳にかけて、世界じゅうを旅行してまわりました。このとき、あと数年で明治維新になる日本にもおとずれ、日本からアメリカへ渡る50日間の船の中で『中国と日本』という旅行記を書きました。

世界旅行を終えたシュリーマンは、こんどは、フランスのパリに住みつきました。そして、パリ考古学会の会員になり、発掘のための研究と準備にとりかかりました。いよいよ、トロヤ発掘への挑戦を始めたのです。

●ついにでた黄金の山

1871年、49歳になったシュリーマンは、ついに、地下にトロヤが眠ると信じるヒッサルリクの丘に立ちました。
「ホメロスの物語を信じて、穴掘りに大金を使うなんて、まったく、ものずきな男だ」
おおくの学者は、やはり笑いました。発掘にやとわれた150人ちかい労働者たちも、なかなか、シュリーマンの夢を信じようとはしませんでした。
しかし、シュリーマンには、生涯をかけた夢です。人

のうわさなど気になりません。
　2年まえにソフィアという女性と結婚していたシュリーマンは、その妻といっしょに、ヒッサルリクの丘に建てた小屋に住み、やけつくような夏の日も、冷たい風がふきすさぶ冬の日も、注意ぶかくこつこつと発掘をつづけました。
　発掘は、まるで、玉ねぎの皮をむくような仕事でした。トロヤは、掘っても掘っても、すがたを見せません。
　2年たちました。
　1873年の5月、とうとう、深い地下から大きな城壁があらわれました。神殿や宮殿に通じていた道もあらわ

れました。そして、その城壁の近くを掘りすすんでいるとき、シュリーマンは、土の中にきらっと光ったものを発見しました。

黄金の王冠、首かざり、耳かざり、指輪、水入れ……。それは、信じられないほどの宝ものでした。

黄金の王冠を手にしたシュリーマンの耳には、トロヤ戦争の勇士たちのさけび声が聞こえました。目の奥には、子どものころに本で見た、まっかにもえるトロヤの絵がはっきりとよみがえりました。

「ホメロスの物語は、やはり伝説ではなかった。わたしが信じつづけたことは、夢ではなかった」

ヒッサルリクの丘の下には、数千年のあいだに、栄えてはほろび、ほろんでは栄えた町が、いくつも折りかさなっていたのです。

シュリーマンは、あふれるなみだを、こらえることができませんでした。

● 68歳までもえつづけた執念

シュリーマンの古代遺跡の発掘は、この黄金の発見で終わったのではありません。

そのご、やはりホメロスの物語に語られているギリシアのミケナイの発掘にも成功しました。そして、ここで

　も、目がくらむほどの宝ものを発見しました。
　また、57歳のときに第2回め、60歳のときに第3回めのトロヤ発掘を行ないました。そして、さらに67歳と68歳のときには、発掘したヒッサルリクの丘に学者を招いて、考古学会議を開きました。
　シュリーマンは、発掘のたびに『古代トロヤ』『イリオス』などの本を書き、発掘の成果をひろく発表してきました。ところが、学者のなかには、シュリーマンが発掘したのはトロヤではない、といいはる人がいました。ホメロスの物語を、やはり、つくり話だと主張する人がたえませんでした。

シュリーマンが、ヒッサルリクの丘で考古学会議を開いたのは、ホメロスの物語を信じようとしない学者たちに、はっきりした証拠を見せたかったからです。

　ヒッサルリクの丘に立ち、目のまえにトロヤの発掘を見た人たちは、もう、シュリーマンのいったことをうたがうようなことはありませんでした。

　シュリーマンは、トロヤで発見した宝ものはドイツに、ミケナイで発見した宝ものはギリシアに、全部、寄付してしまいました。その宝ものは、いまも、ベルリンとアテネの博物館で光を放ちつづけています。

　シュリーマンが、宝ものを発見したときになみだをながしたのは、それを手に入れたからではありません。ホメロスの物語の世界に、ほんとうに出会えたことが、うれしかったからです。

● 夢を掘りあてた人

　シュリーマンは、1890年、イタリアのナポリでこの世を去りました。耳の病気から脳をおかされ、だれひとり知る人もいない旅先で、たおれてしまったのです。68歳、ヒッサルリクの丘で、考古学会議を開いた翌年のことでした。

　シュリーマンの発掘によって、数千年も地下に眠って

いた「エーゲ文明」が、人びとのまえにすがたをあらわしました。また、人びとを、あっといわせた発掘の成果は、そのごの考古学の発展と古代の研究に、はかりしれないほどの大きなえいきょうをあたえました。

　シュリーマンは、偉大な考古学者でした。しかし、りっぱな考古学者であったことよりも、さらに偉大だったのは、子どものころの夢を、人に笑われても、どんなに苦しくても、ついに、なしとげたということです。

「夢を掘りあてた人、シュリーマン」

　シュリーマンは、いま、ホメロスの国、ギリシアのアテネで、永遠のねむりについています。

パスツール

(1822—1895)

目に見えない微生物を追いつづけ、社会のために生涯をささげたフランスの大科学者。

●考える人間に育てた読書

　ルイ・パスツールは、けんびきょうでしか見えない微生物の研究に生涯をささげ、人間や動物を伝染病から救う方法を発見した、フランスの科学者です。

　パスツールは、1822年に東フランスのドールという小さな町で生まれました。

　父は、なめし皮を作る、まじめな職人でした。母は、貧しさにもめげず、いつも美しい目をした、心のやさしい人でした。

　少年時代のパスツールは、どこにでもいる子どもと、なにひとつ、かわりませんでした。きんじょのなかまと、いつもまっくろになって野原や川であそびまわり、この皮職人のむすこが世界の科学者になろうとは、だれひとりそうぞうしませんでした。

　8歳のとき小学校へ入りましたが、絵がじょうずなだけで、成績はあまりよくありませんでした。中学校へ進んでも、やはり同じでした。でも、ただひとつだけ、先生をいつも感心させたことがありました。

　それは、本を読んでいるときだけは、たとえ、なかまがそばでけんかを始めても気がつかないほど、しんけんだったということです。このことが、偉大なパスツールを生む大きな力になったのかもしれません。

　ある日、中学校の先生に、思いがけないことをすすめられました。

「きみは、ものをふかく考える、すばらしい心をもって

いる。しょうらいは、教育大学へ進んだらどうだね」
　パスツールは、まるで夢のような話に、目を輝かせ、胸をおどらせました。
　それからしばらくして、パスツールは、ほんとうに教育大学へ進むため、ひとりでパリへでて大学の付属中学校へかよい始めました。ところが、わずか３週間で家族のいる町へかえってきてしまいました。生まれて初めて両親とわかれてみると、あまりにもさみしく、わが家がこいしくて病人のようになってしまったのです。
　しかし、パスツールは、いちど心にえがいた夢をすててしまうようなことは、ありませんでした。
　近くの中学校でがむしゃらに勉強をしなおすと、21歳のときにふたたびパリへでて、すばらしい成績で教育大学へ入学しました。このころから、パスツールの成績はぐんぐんよくなり、卒業してからも大学の化学研究室に残って、実験や研究をつづけるようになりました。
「ぼくのことは、もう、なにも心配いりませんよ」
　パリへきてから、いつも父と母へのやさしいたよりを忘れなかったパスツールは、ぶじに卒業したときも、いちばんに両親をよろこばせました。ところが母は、それから２年ののち、わが子が人のためにつくす人間になることをねがいながら、亡くなってしまいました。

●小さな研究から大きな発見

　24歳で科学者の道をあゆみ始めたパスツールは、まず、ぶどう酸の研究で名をあげ、27歳のときには、はやくもストラスブール大学助教授にむかえられました。また同じ年に大学の学長の長女マリーと結婚して、しあわせな家庭もきずきました。そして、さらに5年ののちには、32歳の若さで、北フランスに新しくできたリール理科大学の部長にえらばれました。

　部長になってまもなくの、ある日のこと。町でサトウ大根からアルコールを作っている人が、困った顔をして

実験室へやってきました。大きなたるの中のアルコールができそこなうことがある、というのです。

心がやさしいうえに、どんなに小さな研究でもたいせつだ、と信じていたパスツールは、気持ちよく研究をひきうけました。そして、たるから取ってきたアルコールをけんびきょうでしらべているうちに、たいへんなことを発見して、アルコールができそこなう原因をつきとめました。

「アルコールを発酵させる酵母は生きていたのだ。目には見えない微生物だったのだ」

それまで、アルコールを作るときに、まるで石けん泡のようにぶつぶつと発酵するのは、だれもが「神の力でなるのだ」としか考えていませんでしたが、パスツールは、その考えがばかげていたことを、はっきりとしめしたのです。そのうえ、微生物には、空気のあるところで育つものと、逆に、空気のあるところでは死んでしまうものとの、２種類あることも発見して、国じゅうの科学者たちをびっくりさせました。

小さな研究から大きな発見をしたパスツールは、このときから、微生物の世界をしんけんに追いかけるようになりました。

●微生物のしわざを証明

 35歳で母校の教育大学の副校長にむかえられると、かびの研究を始めました。食べものをくさらせるかびも、発酵と同じように自然にわいてくるものだと信じられていましたが、パスツールは、これも微生物のしわざにちがいないと考えたからです。
「かびの微生物も、食べものの中でひとりでに生まれるのではなく、空気中からとびこむのではないだろうか」
 パスツールは、ふつうの形のびんと、口のところを白鳥の首のようにまげたびんを用意して、実験をくり返し

ました。すると、ふつうの形のびんに入れた液体はすぐ微生物がいっぱいになってくさってしまっても、もうひとつのほうは、いつまでもくさりませんでした。空気中の微生物が、まがったびんの口にひっかかって液体の中にとびこまなかったからです。

「微生物が自然に生まれるというのは、やはりまちがいだった。空気中には、ばい菌がうようよしているのだ」

パスツールは、ものをくさらせないためには、空気中の微生物が中に入らないようにすればよいことを、はっきりと証明しました。そしてこのことは、手術のときに手術の道具や傷口を消毒するきっかけにもなり、そのごの医学の進歩にも大きな役割をはたすようになりました。

ものがくさることと微生物のかんけいを追究したパスツールは、ぶどう酒の病気についても、すばらしいことを考えだしました。

フランスは、ぶどう酒づくりが盛んな国です。ところが、ぶどう酒を作る人びとは、くらにしまっておいたぶどう酒が、しだいにくさって、すっぱくなるのに困りはてていました。

この話を聞いたパスツールは、これも微生物のせいだと考え、ぶどう酒を摂氏60度くらいまであたためて微生物を殺してしまっておけば、もうけっしてすっぱくな

らないことを発見したのです。しかし、パスツールは、この殺菌法に特許をとりませんでした。
「世界の人びとの役にたてばよい。特許などとって自分の金もうけを考えるのは、科学者の恥だ」
　パスツールは、母の教えを守って、人のためにつくすことだけを考えていたのです。おかげで、この殺菌法はフランスのぶどう酒づくりを救い、いまでは、牛乳やしょう油などの殺菌にも広く利用されるようになりました。

●病気でたおれて手足が不自由に

　パスツールが43歳になったとき、一生をまじめには

たらきぬいた父が亡くなり、つづいて、かわいい娘がふたりも死にました。しかしパスツールは悲しみをこらえて、こんどはカイコの病気の研究にうちこみました。

　パスツールは、カイコのことなど、まったく知識がありませんでした。でも、フランスじゅうのカイコにへんな病気がはやり、生糸を作る人びとが困っているのを知ると、勇気をだして研究をひきうけたのです。

　まず、パスツールは、昆虫学者ファーブルのところへとんで行き、カイコについて自分はなにも知らないことを、すなおにうちあけて、いろいろなことをおそわりました。そして、それからおよそ6年間、カイコを育てている農家へでかけることと、けんびきょうで、成虫のガが産んだ卵やカイコのからだをしらべることを、夜もひるもつづけて、カイコの病気の原因をつきとめました。
「カイコの病気は、カイコのからだに入りこんだ微生物がひき起こしていたのだ」

　微生物の研究は、またもや大きな成果をみせ、ぜんめつしそうになっていたフランスの生糸づくりに、明るい光をとりもどしてやりました。

　ところが、このカイコの研究が終わりに近づいたころ、はたらきすぎて脳出血を起こしてたおれたパスツールは、左半身の手や足が不自由になってしまいました。でも科

学者パスツールは、「カイコのところにもどるのだ」といって、研究をやめようとはしませんでした。

●伝染病予防のワクチンを発見

「馬や羊などの家畜がわけもわからず死んでいくのも、微生物にかんけいがあるのではないだろうか」

　いぜんからこのように考えていたパスツールは、55歳になったころから、さらに、動物の伝染病の研究に目をむけました。そして、実験中のぐうぜんのできごとから思いがけない大発見をして、科学者パスツールの名を永遠に残すようになりました。

ニワトリのコレラの研究にとりくみ、微生物のコレラ菌の液を元気なニワトリに注射して、病気の伝染のしかたをしらべていたときのこと。

　ある日、まちがえて、すこし古い液を注射してしまいました。ところが、コレラにかかって死ぬはずのニワトリが死にません。そのうえ、この古い液をいちど注射されたニワトリは、そのご、どんなに毒の力が強い液を注射しても、もうけっしてコレラにはかかりませんでした。

　これを見たパスツールは、すっかりこうふんしてしまいました。

「毒の力が弱い菌を注射すると、からだに、その病気に対する抵抗力ができるのだ。それなら、元気なときに毒の力が弱い菌を注射しておく方法を考えれば、伝染病をふせぐことができるぞ」

　伝染病を予防する道を発見したのです。そして、この実験を羊にもおこなって、家畜をつぎつぎに殺すおそろしい炭疽病にもききめがあることを発表しました。

　ところが、この大発見を信じない人たちが、みんなの目のまえでの実験をたのんできました。

　パスツールは、実験をひきうけ、農場に集められた50頭の羊のうち25頭にだけ予防注射をおこない、それから2週間ごにこんどは50頭ぜんぶに強い炭疽菌を

注射して、「半分は死にませんよ」と予言しました。
　予言はあたりました。予防注射をした25頭はうそのように元気なのに、残りはかわいそうに血をはいて死んでしまいました。
「信じられない発見だ。パスツールは神だ」
　農場には天にもとどくようなよろこびの声がわきあがり、実験を見にきていた大臣も科学者も新聞記者も、いっせいにかけだしてパスツールの手をにぎりました。
　ワクチンとよばれるようになった、この伝染病の予防薬のおかげで、そのご動物だけではなく人間も、どれほど助かったか、はかりしれません。

パスツールは、この大発見の名誉をひとりじめにはしませんでした。国から勲章がおくられるようになったとき、国に、ふたりの助手にも勲章があたえられるようにたのみました。助手のたすけがあったからこそ、偉大な発見をすることができたのだ、と考えたからです。パスツールは、いつも、あたたかく広い心をもっていました。

●一生を人と社会のために

　どんなにえらくなっても、どんなに年をとっても実験室をはなれなかったパスツールは、最後に、さらに大きな業績を残しました。
　犬にかみつかれて気がくるって死んでいく人たちに心をいためていたパスツールは、犬のからだにひそむ狂犬病の微生物をつきとめ、3年におよぶ研究ののちに予防ワクチンを作るのに成功して、人間を狂犬病のおそろしさからすくったのです。成功したばかりのワクチンで、はじめて、狂犬にかまれたひとりの少年のいのちをすくったときは、国じゅうの人びとが、「人類の恩人だ」とさけんでパスツールの偉大さをたたえました。
　1895年に、72歳の生涯をとじたパスツールは、70歳の誕生日の祝いがソルボンヌ大学でおこなわれたとき、若い人たちにいいました。

「人間は、死ぬときに、自分は、できるかぎりのことはしたと自信をもっていえるような、生きかたをしなければだめですよ」

　パスツールは、自分から有名になることをのぞんだことは、ただのいちどもありませんでした。微生物の研究にとりくんだ一生は、人のため、社会のためにつくすことに、つらぬかれていました。

　この偉大な科学者への感謝のしるしに、世界の人びとがお金をだしあってパリに建てたパスツール研究所では、いまも、人類を病気からまもるための微生物の研究がつづけられています。

メンデル (1822―1884)

「親と子どもは、なぜ、よく似るのだろう」

むかしからの、この疑問を、エンドウ豆の実験でときあかしたのが、ヨハン・グレゴール・メンデルです。

メンデルは、1822年オーストリアの果樹園に生まれました。子どものころから父と母の仕事をてつだって、くだものや花をさいばいするのがだいすきでした。赤や黄色の花をとびかうミツバチを観察したり、果樹のつぎ木に工夫をこらしたり、楽しい幼年時代をすごしました。

ところが、メンデルが17歳になったとき、父が大けがをして、家はすっかり貧しくなってしまいました。そこで、メンデルは修道院に入ることにしました。食べるための心配をしないで、すきな学問ができると考えたからです。そして神父の勉強をしながら、大学を卒業して、中学校で理科を教えるようになりました。しかし、先生になる資格をもっていないため、正式の教師ではありませんでした。

メンデルは、正式の教師になるために、国の試験を受けました。でも、どうしたことか、試験には合格しませんでした。

「正式の教師にはなれなくても、研究はできる」

メンデルは、修道院の庭に草花を植えて、同じ植物の花でも色違いのものが咲く原因の研究を始めました。そして、ダーウィンが書いた『種の起源』という本を読み、こんどは草花のかわりにエンドウ豆を植えて、花粉のかけあわせによる遺伝の研究にむちゅうになりました。遺伝には、きっとひとつのきまりがあると考えたからです。

　花や実の色や形が違うエンドウ豆を植え、その花粉をピンセットで移してやって、とれた種をまた植えるという実験を、8年ものあいだつづけました。
「2代め3代めにあらわれる、規則正しい性質がわかったぞ」
　1865年、メンデルは、『植物雑種の研究』という論文をまとめて発表しました。ところが、名も知れず、正式の教師でもない男の研究など、だれも理解してくれませんでした。メンデルは悲しみました。
　やがて修道院の院長になると、こんどは、修道院に税金をかけようとする国の権力とたたかいつづけて、1884年に、62歳でさみしくこの世を去りました。
　メンデルの遺伝の法則が世界でみとめられたのは、それから16年ものちのことです。実験を続けた修道院には、いまでは大理石の像がたてられ、遺伝学の父とよばれるようになりました。

フォスター (1826—1864)

　100年の歳月を越えて世界の人びとに口ずさまれている『おおスザンナ』『草けいば』『こきょうの人びと』『なつかしきケンタッキーホーム』。このほか、およそ180の名曲を作ったステファン・コリンズ・フォスターは、1826年、アメリカ東部のペンシルベニア州ピッツバーグ市で生まれました。才能のある実業家を父にもち、10人兄弟の9番めでした。

　12人の家ぞくは、みんな音楽がすきでした。なかでもフォスターは、おさないころからいろいろな楽器にしたしみ、子どもの楽隊では、いつも、とくいになって指揮をとっていました。また、9歳のときには、近所の子どもを集めて劇団をつくり、自分は主役をしたり、フルートをふいたりして、出演料をかせいだこともありました。そして、14歳で中学校を卒業するときには、卒業式のために『ティオガ円舞曲』を作曲して、先生たちをおどろかせました。

　15歳でジェファソン大学に入学しました。しかし、わずか1週間でやめてしまいました。音楽の道を、どこまでも進みたかったからです。

「よし、だれもがうたってくれる歌をつくろう」

　フォスターは、理解のある父母や、やさしい兄たちに助けられながら、ピアノ演奏や作曲や外国語を学びました。そして、18歳で歌曲『窓をあけたまえ』を発表してからは、つぎつぎに詩を書き曲を作るようになりました。そして『おおスザンナ』が人びとのあいだでうたわれるようになると、フォスターの名まえは、またたくまにアメリカじゅうに知れわたっていきました。

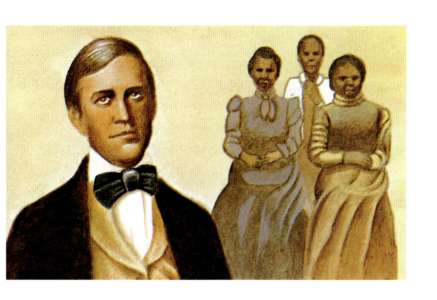

　心のやさしいフォスターは、アフリカからつれてこられた黒人奴れいたちのためにも、たくさんの歌を作りました。『オールド・ブラック・ジョー』は、さみしく死んでいっためし使いのジョーにささげたものです。

　また、愛する妻のためにも『金髪のジェニー』『小さいジェニー・ドウ』などの美しい歌を作り、しあわせな家庭をきずいていきました。

　ところが、リンカーンが大統領になった1860年にニューヨークへでてからは、しだいに生活が苦しくなり、南北戦争がはじまって4年めの1864年に、思いがけないけがで、あっけなくこの世を去ってしまいました。まだ、38歳という若さでした。

　フォスターは、ベートーベンやモーツァルトのような大音楽家ではありません。しかし、素朴な歌のかずかずは、国境を越えて、人びとの心にやさしい灯をともしつづけています。

イプセン (1828—1906)

　19世紀の後半、世界じゅうに新しい演劇運動が起こりました。それまでの劇が歴史や伝説を中心にしたものであったのをやめて、いま生きている人間の苦しみやよろこびを物語にした劇を盛んにしていこう、という運動でした。その運動の大きなきっかけをつくり、近代劇の父とよばれているのが、ヘンリク・イプセンです。

　イプセンは、1828年に、ノルウェー南部のシーエンという小さな町で生まれました。父は商人でした。ところが、イプセンが7歳のときに父が商売に失敗したため、家族は、ちりぢりになってしまいました。

　イプセンは、学校教育もあまりうけないまま大きくなり、15歳のときに、薬局に住みこみではたらきにだされました。そして自分で勉強をしながら医科大学をめざしましたが、試験に落第してしまいました。
「人間は、どうして自由に生きられないのだろうか」
　しだいに、イプセンは人間の自由をしばりつける社会に不満をもつようになりました。そして、20歳をすぎたころから権力や社会と戦う人間を主人公にした劇を書き始め、やがて、『戦士の塚』が上演されると、ノルウェー国民劇場の舞台監督に招かれ、演劇人としても活やくしました。

　1864年、36歳になったイプセンは、家族をつれて、ドイツへ渡りました。それからの27年間は、ほとんど外国で生活しながら劇の台本を書きました。劇で人間の自由を訴えようとする自分の考えが、ノルウェーの人びとには理解してもらえな

かったため、祖国をとびだしたのです。
　『ペール・ギュント』『社会の柱』『人形の家』などの劇を発表していくうちに、イプセンは、世界に知られる大文学者になりました。とくに、「妻は夫の人形ではありません。妻も男と同じ人間です」と、夫も子どもも捨てて家をでて行く目ざめた女を描いた『人形の家』は、世界の人びとをおどろかせました。そのころの古い社会では、妻が、自由を求めて家を捨てるというようなことは、とても考えられないことだったからです。イプセンを非難する人も少なくありませんでした。
　しかしイプセンは、その後も『幽霊』『民衆の敵』『野鴨』などの社会問題をとりあげた劇作をつづけ、78歳で、信念をつらぬきとおした生涯をとじました。
　『人形の家』の主人公ノラは、いまもなお婦人解放の心のささえとなって生きつづけています。

ダイムラー（1834—1900）

　自動車の研究は、いまからおよそ400年くらいまえから、ヨーロッパで始められました。でも、自動車といっても、初めは帆かけ船のように帆を張って、風の力を利用して走るものです。そのつぎは蒸気や電気の力で走るものでした。ガソリンエンジンの自動車があらわれたのは、19世紀の後半になってからのことで、その発明者が「自動車の父」ゴットリープ・ダイムラーです。

　ダイムラーは、1834年に、ドイツ西部で生まれました。
　パン焼きの職人だった父は、むすこを、役人にしようと考えていました。ところが、ものを作ることがすきだったダイムラーは、自分からすすんでかじ屋ではたらきながら、苦学をして、30歳ちかくになってから、工芸高等学校を卒業しました。
　外国へも行って機械製作の技術者として、うでをみがいたのち、38歳のときに、ドイツの技術者オットーのエンジン工場に、職工長としてむかえられました。しかし、オットーの開発した、大型で回転のおそいエンジンでは役に立たないと考え、やがて、自分で自動車工場をたてました。そして、小型で回転の早いエンジンの研究を始めたのです。
「自動車で、人間を、もっと自由に、どこへでも……」
　1883年、1分間に約900回も回転するエンジンを作り、1885年に、これを木製の2輪車に積んで走らせました。世界で初めてのオートバイです。スピードは1時間に12キロメートルでしたが、それでも人びとは、その早さに目を見はりました。そして翌年には、さらに改良したエンジンを、馬が引いていた4

輪車にとりつけ、時速18キロメートルで走らせるのに成功しました。ガソリンエンジンで走る自動車の輝かしい誕生です。
　1894年にパリで開かれた世界最初の国際自動車レースで、ダイムラーの自動車がみごとに優勝して、世界の人びとは、ガソリンエンジンで走る自動車のすばらしさを知りました。
　しかし、ダイムラーはそれから6年ののちに、世界じゅうが自動車でいっぱいになる日を夢見ながら、66歳の生涯を終えました。
　ダイムラーが残した工場は、そのごベンツの工場と合併してダイムラー・ベンツ社（現在はダイムラーAG社）となり、いまも、世界でもっとも古い自動車会社を誇っています。ダイムラーは、大科学者ではありません。しかし、機械に親しむ心が、大きな発明を生みだしました。日本で初めてガソリンエンジンの自動車が作られたのは、1907年のことでした。

メンデレーエフ （1834—1907）

　ドミトリー・イワノビッチ・メンデレーエフは、物質を形づくっている元素の研究をつづけ「元素の周期律」を発見して世界の学者をおどろかせたロシアの化学者です。

　メンデレーエフは、1834年にシベリアのトボリスクで生まれました。14人兄弟の末っ子です。父は中学校の教師でしたが、メンデレーエフが小さいころに病気で盲目になり、子どもたちは、ガラス工場を経営する母にそだてられました。

　メンデレーエフは、ガラス工場で働きながら中学を卒業しました。そして、学者になってほしいという母の願いでペテルブルク大学に入学しました。

「人間にとって、いちばんたいせつなことは実行です。ひたすらに、真理を求めて努力をつづけなさい」

　母は、このことばを残して、その年に亡くなりました。メンデレーエフは、悲しみにうちかつために猛勉強しました。そして、金メダルをもらい1番の成績で大学を卒業すると、母の期待どおりに学者への道を進み始めました。フランスやドイツへ留学して、さらに勉強をつづけ、33歳で母校ペテルブルク大学の教授になりました。元素の周期律を発見したのは、それから2年ごのことです。

　20世紀末の現在では、物質の元素には100以上の種類が発見されています。しかし、メンデレーエフのころに知られていたのは63だけでした。

　メンデレーエフは、元素どうしのあいだには、なにか関係があると考えました。そこで、元素を、原子の重さの順に並べて

表をつくってみました。すると、一定の間隔ごとに似かよった性質の元素がくり返してあらわれることがわかりました。そして、表のなかの空欄のところは、まだ元素が発見されていないのだと考えました。これが、メンデレーエフの研究の成果です。

　この元素の周期律は、はじめはみとめられませんでした。しかし、そのご、メンデレーエフの予言どおりに空欄の元素が発見されると、周期律表は、化学の研究になくてはならない役割をはたすようになりました。

　メンデレーエフは、周期律のほかに液体や気体についてもすぐれた研究成果を残し、さらに数おおくの本を書いて、73歳でこの世を去りました。

　メンデレーエフは、科学者としての人生を歩んだだけではなく、芸術も愛し、人間の心をたいせつにする知識人でした。偉大な科学者であるまえに、偉大な人間でした。

ビゼー （1838—1875）

　歌劇『カルメン』の作曲者ジョルジュ・ビゼーは、おさないころから、すばらしい音楽の才能をもっていました。
　父は声学教師、母はピアニストでした。1838年にビゼーがパリの近くで生まれたときには、すでに大音楽家になる運命をせおっていたのかもしれません。ビゼーがわずか9歳でパリの国立音楽院に合格すると、教授たちは、いっせいにさけびました。
「この子は天才かもしれない、きっと大音楽家になるぞ」
　学校で学びはじめたビゼー少年は、たちまちのうちに、どんな難しい曲でも理解するようになりました。ピアノ演奏、オルガン演奏、さらに作曲などで賞をとり、19歳でローマ大賞まで受賞して音楽院を卒業すると、胸をふくらませてローマへ留学しました。
　ところが、3年間のローマ留学を終えてパリへもどってきたときから、天才ビゼーの苦しみがはじまりました。
　作曲家の道をあゆみはじめたビゼーは、歌劇や管弦楽曲をつぎつぎに発表しました。しかし人びとは、どの曲にも拍手をおくりません。そのころのパリでは、おもしろおかしい歌劇が流行していたので、芸術を理解する人は、あまりいませんでした。
　曲が売れないビゼーは、ピアノの先生や、作曲の指導や、楽譜出版の手つだいなど、いろいろな仕事をして生活をささえました。しかし、どんなに生活に困っても、金もうけのために作曲することは、けっしてありませんでした。ビゼーにとって、音楽は芸術であって、商売ではないと考えていたからです。
　ビゼーの曲が、はじめて絶賛をあびたのは、34歳のときに

発表した『アルルの女』という劇の音楽でした。ところが、その2年ごに作曲した歌劇『カルメン』は、力づよい合唱と、はげしいせんりつが、理解されず、評判は良くありませんでした。また、カルメンが、さいごにはホセという男に殺されるという物語の悲しさに、明るさを求めるおおくの人は顔をそむけてしまいました。

「わたしの音楽が、なぜ、わかってもらえないのか」

　ビゼーは、頭をかかえて悲しみました。そして、この深い悲しみから、立ち直るひまもなく、36歳の若さで永遠の眠りについてしまいました。苦しい生活で、いためていた心臓を悪くしてしまったのです。

　ビゼーは不幸でした。でも『カルメン』は、いまもなお、フランスオペラの最も人気のある代表作として、おおくの人びとからかっさいをあびつづけています。

セザンヌ (1839—1906)

19世紀の終わりに、印象主義とよばれた美術運動が、ヨーロッパで盛んになりました。印象派の絵というのは、目に見えたとおりに写真のようにかくのではなく、画家の心にどう感じたかということを、自分自身の感じたままに表現したものです。

1839年に南フランスの小さな町で生まれたポール・セザンヌは、この印象派の技術を身につけ、ゴッホやゴーガンとともに後期印象派の天才といわれています。

しかし、セザンヌに天才ということばが与えられたのは、ようやく晩年になってからのことです。67歳のとき、絵をかきながらたおれてしまうまでの生涯は、決して楽しいものではありませんでした。

父は銀行を経営するほどの金持ちでした。めぐまれた家に生まれたセザンヌは、小学生のころから絵がすきでした。また中学校では、のちに大文学者となったエミール・ゾラとしたしくなり、文学にも夢中になりました。

しかし、セザンヌは、父の希望で法律の大学にすすまなくてはなりませんでした。でも、画家になりたい気持ちがしだいに強くなり、ゾラにはげまされて、ついにパリにとびだしました。22歳のときです。

ところが、内気なセザンヌは、パリの芸術家たちとはしたしくなれず、ルーブル美術館に通って、絵を見学する毎日でした。そして2年ごに美術学校の入学試験をうけましたが、合格しませんでした。

セザンヌは、パリの町に小さなアトリエを見つけて、ひとり

セザンヌ画『セザンヌの肖像』『たんすのある静物』

で絵をかきはじめました。その絵は、絵の具をあつくぬった、だいたんで、はげしいものでした。それから何年ものあいだ、いくども展覧会に出品しましたが、落選するばかりです。ものの構造をしっかりと見て、自分の感じたままに表現するというセザンヌの絵は、だれからも理解されなかったのです。

50歳をすぎたころから、こきょうにひきこもったセザンヌは、一日じゅう絵のことだけを考えて暮らしました。そして有名な「自然はすべて、球形、円すい形、円筒形としてとりあつかわなければならない」という結論にたっしました。

やっと画商やゴーガンやルノアールが、セザンヌの絵の新しい意味に気づきはじめ、やがて、セザンヌの名が外国にまで知られるようになりました。

『首つりの家』『散歩』『水浴』などの傑作は、現代の美術に大きな影響を与えました。

「読書の手びき」

ナイチンゲール

めぐまれた家庭に育ったナイチンゲールは、自分がしあわせであればあるほど、不幸な人のことを考えました。そして、自分からすすんで、そのころはまだ下等な職業だとされていた看護婦の道にとびこみました。同情や口先だけの思いやりではなく、広く深い愛で、人のために自分のいのちを投げだしました。ここに、ナイチンゲールの偉大さがあります。自分は「なにをしたいか」ではなく「なにをすべきか」を主体的に考え、自分の人生に力いっぱいいどんでいきました。たんなる心やさしさだけで果たし得たのではなく、自己を犠牲にする勇気が必要だったはずです。戦場の病院で「めぐみの天使だ」と尊敬されるおこないができたのも、この自己犠牲の精神が、ナイチンゲールの体内にしっかりと宿っていたからに、ちがいありません。多くの人が自分のためにだけ生きようとする現代に、苦しんでる人のために手をさしのべることのとうとさを教えられます。

シュリーマン

シュリーマンの生涯にふれて感激させられるのは、トロヤの黄金を発見したことではありません。わたしたちの胸をうつのは、少年時代に芽ばえた、たったひとつの夢を、ひたすらに追いつづけたことのすばらしさです。だから、世界の人びとは、執念にみちた、それでいてロマンチックな生きかたをたたえて、このシュリーマンのことを「夢を掘りあてた人」とよんでいます。シュリーマンは、天才でも、すぐれた学者でも、たくましい探検家でもありませんでした。しかし、自分の心の夢をもやしつづけるという強さでは、いかなる偉人にも負けないものをもっていました。それは、信念に生きることを忘れなければ、だれだって「夢を掘りあてた人」になれるのだ、ということです。考えてみれば、世界の偉人は、形